Inhaltsverzeichnis

>> VERSTEHEN HEISST MIT DEM HERZEN HELLSEHEN <<

Mit Gedanken und Gefühlen geschrieben..

Herstellung und Verlag:
Books on Demand GmbH, Norderstedt
ISBN 978-3-8391-8118-8

1.

Meine Liebe zu Dir

Wenn ich meine Liebe zu Dir in Worte fassen sollte

dann müsste ich Dir sagen, dass ich es nicht kann

denn in dieser Hinsicht fehlen mir die Worte..

Meine Liebe zu Dir

ist wie der Morgentau wenn die Sonne aufgeht

die Sterne am Firmament

so strahlend und so hell

Meine Liebe zu Dir

ist wie das Rauschen des Meeres

so wild und so laut

Meine Liebe zu Dir

ist wie der Wind in den Bergen

stürmisch und auch sanft

Meine Liebe zu Dir

ist wie man immer von der Hölle spricht

heiß und innig

Meine Liebe zu Dir

ist wie der Himmel auf Erden

Meine Liebe zu Dir

ist das Blut meines Lebens

das Leben meiner Seele

Meine Liebe zu Dir

ist wie der letzte Sonnenstrahl am Abend

warm und weich

Meine Liebe zu Dir

ist wie der Kuss des Lebens

weich und lieblich

Meine Liebe zu Dir

ist wie ein Regenbogen

sie trägt alle Farben

Meine Liebe zu Dir

ist alles … mein Leben...

Ich liebe Dich ... wie sonst keinen!!!

2.

Dann ist es Liebe

Nachts wenn die Laternen

einen feinen Schein auf mich werfen

Tags wenn die Sonne gegen mein

Strahlen dunkel scheint

dann ist es Liebe

Wenn die Vögel ziehen

und in die Wolken fliehen

Wenn der Wind an meinen Ohren flüstert

Wenn die Bäume im Winde rauschen

dann ist es Liebe

Wenn das Meer in seine Wellen bricht

und die Fische mit dem Wasser treiben

Wenn die Sonne im hellsten Schein erstrahlt

und die Sterne nachts glitzernd funkeln

dann ist es Liebe

Wenn die Uhren nicht mehr ticken

und die Zeit stehenbleibt

wenn Du dir wünscht die Zeit bliebe stehen

und die Zeiger verschwinden in die Ewigkeit

dann ist es Liebe

Wenn die Flocken am Himmel tanzen

und der Regen an die Scheiben klopft

Wenn der Herbst dem Sommer weicht

und der Frühling dem Winter folgt

dann ist es Liebe

Wenn die Tiere in den Tag leben

und die Wolken am Himmel schweben

Wenn die Erde durch das Universum treibt

und Ewigkeit unser sein soll

dann ist es Liebe

Wenn unsere Augen sich treffen

und unsere Herzen berührt sind

Wenn die Nähe des anderen Glück bedeutet

und die Gefühle im gegenüber wohnen

dann ist es Liebe..

3.

Ich gebe Dir..

Ich gebe dir meine Augen
du sollst sehen was Du für ein wundervoller Mensch bist.

Ich gebe dir meine Hände
damit du deine weiche Haut fühlen kannst.

Ich gebe dir meinen Mund
du sollst wissen wie gut deine Küsse schmecken

Ich gebe dir meine Arme
damit du weißt wie gut du dich anfühlst

Ich gebe dir mein Herz
ich schenke es dir
damit du es lieben kannst

Ich gebe dir mein Leben
ich möchte es nur mit dir

Ich gebe dir alles von mir
denn ohne dich brauche ich es nicht,

denn Du bist mein Glück, mein Licht.

ICH LIEBE DICH

4.

An deiner Seite

An deiner Seite fühl ich mich gut
denn ich spüre, du tust mir gut.

An deiner Seite habe ich Kraft
und ich weiß was ich mit dir alles schaff.

An deiner Seite gibt es soviel Lachen
weil wir uns oft glücklich machen.

An deiner Seite habe ich Vertrauen
denn ich weiß, auf dich da kann ich bauen.

An deiner Seite fande ich das große Glück,
ich zahle es mit meinem Lachen zurück.

An deiner Seite kann ich das Leben leben,
und ich werde dir all meine Liebe geben.

An deiner Seite kann ich weinen,
unsere Liebe wird uns immer vereinen.

An deiner Seite muss ich nichts missen
ich werde deine Seele immer Küssen.

Mit dir an meiner Seite lernte ich das Lieben
ich schenke dir an deine Seite mein ganzes Leben.

ICH LIEBE DICH

5.

Unser Rezept der Liebe

Dein und mein Herz
großer Sack Gefühl
Tragetasche voll Verständnis
10 Zentner Treue
10 Zentner Vertrauen
eine Tonne Leidenschaft
Umarmungen
Liebkosungen
und ne Messerspitze Freiraum

Zubereitung:

Die beiden Herzen öffnen, die Zutaten Gefühl, Verständnis,
Treue, Vertrauen und Leidenschaft gut vermengen. Das ganze
bitte zärtlich mit Umarmungen und Liebkosungen abschmecken.
Den Freiraum vorsichtig dazugeben. Unsere Herzen öffnen
und zu gleichen Teilen die Liebe hineingeben. Dein und mein Herz
dann vorsichtig verschließen aber nicht ganz, denn Luft zum Atmen
muss noch rankommen. Den Schlüssel für das Herz in der Seele
aufbewahren, dort ist der sicherste Ort.

Garnieren müssen wir das Ganze mit Spaß und 1000 Träumen...

Dann, wenn wir es genau nach Anleitung befolgen dann hält es über
Jahre...für die Ewigkeit

6.

Der Engelmann

Auch ein Engel fühlt Liebe.....

Ein Engel ist nie allein, doch jeder glaubt
Ein Engel sollte immer zur Stelle sein.
Ich habe meine Flügel um zu fliegen,
ich habe sie, um zu siegen.
Sie tragen mich hinauf in die Lüfte,
sie tragen mich zu Dir.
Ich brauche sie um zu siegen,
denn nur mit ihnen kann ich fliegen.
Ich habe Dich gefunden, du bist auch ein Engel.
Deine Flügel sind so stark, stärker als meine.
Du legst sie schützend um mich, ich fühl mich gut.
Du hältst mich warm und geborgen, du machst mir Mut.
Deinc Flügel strotzen dem Wind,
wo andere Engel längst gefallen sind.
Ich gebe Dir meine Flügel der Liebe und Sehnsucht,
sie erheben Dich dann ganz hoch in die Luft.
Durch Dich kann ich fliegen, durch Dich kann ich siegen.
Doch denk immer daran, auch ich kann dich wärmen und stärken,
an deinem Herzgefühl wirst Du es merken.
Meine Flügel kann man nicht sehen,
ich trage sie im Herzen.
Deine Flügel kann man auch nicht sehen
Ich fühle sie im Herzen.
Ich wünsche mir dass ich immer fliegen kann

Mit dir, Du mein wunderbarer Engelmann.

7.

Tränen

Tränen gehen ihren Weg
so wie die Sonne sich um die Erde dreht
sie laufen sanft die Wange runter
und streicheln deine Haut

Tränen sprechen die Wahrheit
und lösen auch von Zeit zu Zeit
Traurigkeit findet ihre Wege
über die Augen, aus der Seele.

Ängste formen sich aus den Tränen
obwohl wir uns in Sicherheit wägen
Wenn wir weinen und Tränen kommen
ist unser Herz ganz benommen

Gedanken aus der Seele
gehen manchmal seltsame Wege
Ein Lachen durch die Augen strahlt
viele Gefühle mit Liebe eingezahlt

Tränen drücken Gefühle aus
man weiß oft nicht mehr ein noch aus.
Glück spielt auch eine große Rolle
auch die Liebe, das Geheimnisvolle.

Wenn Glück uns weinen lässt
ist die Haut ganz glitzernd genässt
wenn Traurigkeit aus der Seele ruft
riecht es wie die dunkle Abendluft.

Und wenn Du deine Tränen spürst
dann hat jemand ganz arg dein Herz berührt...

8.

Tränen und Sorgen

Manchmal dann reißt es in deinem Herzen..
die Tränen und Sorgen die dich fast zerfleischen

Was ist passiert? Wo bist Du hin?
Die Tränen und Sorgen
tragen Dich in der Keller des Lebens, der Sehnsüchte und der Ängste

Du stehst dort unten, und hast keine Ahnung wie Du
wieder hochkommst. Helfen kann Dir keiner, jede Stufe
musst du alleine wieder hoch.

Helfen können Dir die Zuversicht und dein Selbstvertrauen
deine Stärke und dein Willen.

Du musst es nur zulassen das sie auch Platz finden
in deinem Leben, und dann...ja dann kannst Du alles geben.

Lass Gefühle zu, die bislang verborgen waren und lass
Glück nicht vor der Tür stehen.

Steige jede Stufe des Lebens mit Stolz auf Dich
und mit Liebe hinauf. Und je mehr Stufen du erklimmst
desto mehr Kraft erlangst Du ,dann wirst Du sehen
das es gar nicht so schwer ist..

Glaube an Dich und an Deine Kraft, es wird helfen den
Weg des Lebens zu gehen, und mögen dort draußen
auch noch so viele Steine auf deinem Weg liegen.
Räume sie aus dem Weg...

Stufe für Stufe wächst Du und Stufe für Stufe kommt
das Glück näher...und wenn Du oben bist dann öffne
die Tür und lass es hinein..

Lass das Glück in Dein Leben und in Dein Herz,
dann bist Du angekommen.

Ankommen heißt nicht, den Ort zu lieben,
sondern liebe das Herz in dem Du wohnst, dort sind auch
Glück und Leben zu Hause.

Auf jeder Stufe werden Dir Neid und Missgunst entgegenkommen
oder sogar Hass, doch lass Dich nicht von Ihnen täuschen
sie sind nur Illusionen der Neider deines Lebens.
Beachte sie nicht..sie haben es verdient und dann
wirst Du sehen, sie verblassen bei Nichtbeachtung.

Steige stetig hinauf, schaue nie zurück,
bitte niemals rückwärtsgehen
sondern man kann nur vorwärts leben...

Und vergiss auf der Treppe niemals das Herz in dem Du wohnst,
es wird warten...Du bist niemals alleine...

9.

Wo kann ich die Liebe finden?

Wo finde ich die Liebe, im Kindergarten oder in der Schule
wo finde ich das, was ich schon fühle?
Beim Nachbarsjungen nebenan oder
ist der Bruder meiner Freundin später mal mein Mann?
Beim Joggen durch den Wald,
werde ich sie dort dann finden bald...
Im Sommer am Baggersee wo ich viele Menschen seh
Beim einkaufen im Tante Emma Laden...
oh werde ich mich das immer fragen ?
Das Internet heutzutage macht vieles möglich keine Frage,
doch lerne ich dort die Liebe kennen
wenn Millionen Menschen durch ne Leitung rennen?
Durch den Tag gehetzt und abends dann mal schnell ins Netz,
nichts neues hier oder dort, nein die Liebe wohnt am anderen Ort.
Ich kann sie noch nicht sehen , doch fühlen das kann ich sehr
ich muss nicht mit den Augen schauen sondern mit dem Herzen mehr.
Die Augen sehen schöne Menschen ach wie fein,
doch schau doch mal tief ins Herz hinein,
denn da sollte die wahre Liebe sein.
Die Liebe kann ich nicht finden, sie findet mich
und dann spüre ich sie und sag..

ICH LIEBE DICH

10.

Millionen....

Millionen von Sekunden ist dein Engel bei Dir
Millionen von Gedanken sind bei Dir
Millionen von Gefühlen führen mich
denn ich liebe Dich

Millionenmal denke ich an Dich
Millionenmal fühle ich Dich
Millionenmal höre ich Dich
Millionenmal sehne ich mich
denn ich liebe Dich

Millionen von Sternen schenke ich Dir
und mit dem schönsten, da wink ich zu Dir
Millionen Küsse sende ich Dir
denn alle gehören nur Dir..

11.

Das Glück hat einen Namen

Wenn ich traurig bin und ganz allein
dann geh ich in den Wald hinein.
Die Stille gibt mir so viel Kraft
ich weiß das ich alles mit dir schaff.

Denn mein Glück trägt deinen Namen

Lachen kann ich mit dir so viel
und unsere Liebe ist kein Spiel
Auch weinen das geht zusammen gut
danach haben wir beide auch wieder Mut

Denn mein Glück trägt deinen Namen

Wenn wir zusammen sind
und rumalbern wie ein Kind
dann bleibt die Erde stehen,
sie hört auf sich zu drehen.

Denn mein Glück trägt deinen Namen

Deine Augen, deine Liebe, dein Lachen
verrückte Dinge die wir machen.
Deine Worte, deine Gesten, dein Herz
alles nimmt mir immer meinen Schmerz.

Denn mein Glück trägt deinen Namen

Sekunden, Stunden und viele Tage
wichtig ist das ich dir eines sage
zu jederzeit und immer wieder
unsere Liebe ist schön wie eine Engelsfeder.

Denn mein Glück trägt deinen Namen

12.

Tränen eines Engels

Die Tränen eines Engels sind gute Tränen
sie rinnen die Wange runter und sind warm
auch ein Engel kann sie nicht planen,
denn auch ein Engel ist nicht gefühlsarm.

Wenn ein Engel weint
ist es eine besondere Zeit

Sie kommen einfach und ehrlich
sie sagen ich vermisse dich
sie sind dann einfach da
und sagen ich bin dir nah.

Wenn ein Engel weint
ist es eine besondere Zeit

Die Tränen fühlen sich doch gut an
denn Engel denken immer daran
wie glücklich sie sind und
glücklich machen können

Wenn ein Engel weint
ist es eine besondere Zeit

Doch auch Engel sagen was aus
mit Tränen kommen Gedanken dann raus.
Sie haben Gefühle und Sehnsüchte
ganz ohne viele Ausflüchte .

Wenn ein Engel weint
ist es eine besondere Zeit

Doch auch ein Engel kennt das Glück
er schaut nicht den Weg zurück.
Dein Engel weist dir deinen Weg
höre auf seinen Flügelschlag
jeden einzelnen neuen Tag.

Wenn ein Engel weint
ist es eine besondere Zeit
geh mit ihm zu zweit...

13.

Hast Du....???

Hast du ein Herz das liebt,
Arme die Stärken
Hände die fühlen
Augen die sehen
und mir helfen zu leben ?

Du hast...ich sage dir du hast

Hast du Gefühle zu geben
die uns helfen zu leben
Vertändniss zum lieben
und Liebe zu geben ?

Du hast...ich sage dir du hast

Hast Du Wärme im Herzen

um mir zu helfen bei Schmerzen
Zärtlichkeit in deiner Stimme
in mir die lodernde Flamme ?

Wenn Du all dieses hast, dann bist
Du der Mensch den ich brauche...

denn Du hast...ich sage dir du hast
und
ich brauch...ich sage dir ich brauche, DICH

Ich liebe Dich

14.

Der Augenblick

Ich weiß nicht in welchem
Augenblick ich für Dich
unvergesslich bleibe...
Vielleicht gerade jetzt in diesem
Moment, jetzt wo ich Dir sage:

ICH LIEBE DICH...

15.

Lebe und denke nicht NUR an Morgen...

Du stehst am Abgrund und weißt nicht wie es weitergehen soll,
Fragen über Fragen und Gleichgültigkeit und Ängste wechseln sich
ab. Du schaust hinunter und denkst da unten liegt dein Leben in
Trümmern und du weißt nicht wie du es wieder hinbekommen sollst
das sich die Trümmer wieder zusammensetzen. Du denkst über dein
Leben nach und denkst an vergangene Zeiten und wie anders doch
alles war, wie einfach und unkompliziert dein Leben
war, als du ein Kind warst. Die Tage waren immer die gleichen und
doch lerntest du immer Neues kennen und jeden Tag war es aufs neue
spannend. Doch niemals hattest du schlechte Gedanken, Gedanken die
im Heute deine Seele quälen. Angst vor der Zukunft, Angst um dein
Leben, Angst um deine Kinder, Angst um deine einzige große Liebe,
eben Angst vor dem Leben. Früher da warst du klein und andere
lebten dein Leben für dich mit um dich zu schützen und heute musst
du alles alleine leben. Du musst Courage besitzen dein eigener Herr zu
sein und Ängste verbergen weil sonst deine Mitmenschen verunsichert
werden. Deine Gedanken sind nur deine, doch dein Leben gehört auch
dir alleine, aber gerade deshalb
musst auch du lernen dein Leben für dich zu leben und nicht für
andere. Ja und manchmal ist es dann eben so das du vor dem Abgrund
steht und nicht mehr weiß welchen Weg du nehmen sollst. Aber schau
dich doch mal um und wenn du genau hinsiehst, dann siehst du noch
mehr Menschen die dort stehen und denen es genauso ergeht wie dir.
Und auch
sie stehen vor dem gleichen Abgrund wie du und haben dieselben
Ängste und Sorgen wie du. So und nun dreh dich um und sieh
nochmal genau hin, dann siehst du wie sich einige abwenden und
wieder gehen. Sie haben sich entschlossen ihr Leben fortzusetzen und
das Leben in Angriff nehmen und nicht in den Abgrund springen.
Sicher wenn du schaust dann
siehst du auch wie einige den Abgrund runterspringen, doch das sind

verlorene Seelen ihnen ist einfach nicht mehr zu helfen, doch es sind
ganz wenige die den Kampf verloren haben.
Halte dir immer vor Augen, das du nur dieses eine Leben hast das du
leben kannst. Deine Überlegung sollte nur sein wenn du zurückgehst,
wie du leben willst...Glücklich mit Umwegen und Schmerzen oder
einfach nur da sein und leben das alle
anderen um dich rum zufrieden sind...und wenn du dir sicher bist
welchen Weg du wählen willst, dann lebe danach und vergiss niemals
das du nur ein Leben hast und dieses nur einmal leben kannst denn
eine zweite Chance wirst du nie bekommen.

Lebe jetzt und denke nicht NUR an Morgen...

16.

Die Zeit

Die Zeit rennt dich einfach um
und du fragst dich warum.
Erst warst Du noch klein
und nun musst du erwachsen sein.
Möchtest manchmal weinen wie ein Kind
auch wenn es Erwachsenentränen sind.
Sorgen quälen dich, hast immer so viel zu tun
und die Zeit rennt dich einfach um.

Die Zeit steht aber nicht still,
denn sie macht einfach was sie will.

Termine jagen dich durch den Tag
viele Termine die man nicht mag.
Für die Freuden des Lebens bleibt keine Zeit,
die innere Ruhe ist dann einfach zu weit.

Du jagst ihr hinterher, hierhin dahin
macht das alles einen Sinn ?

Die Zeit steht aber nicht still,
denn sie macht einfach was sie will

Wenn du dann an der Uhr drehen willst
dann überholt dich dein Leben
Du möchtest alles geben
und kannst dabei nur verlieren.

Die Zeit steht aber nicht still,
denn sie macht einfach was sie will.

Ruhe solltest du dir einräumen
und dann auch mal ruhig träumen.
Denn Träume kannst auch du leben
und deinem Leben Inhalt geben.
Unternimm ne Reise in dein Traumland
und deine Seele bekommt ein festes Band.

Die Zeit steht aber nicht still
denn sie macht einfach was sie will.

Nimm dir Zeit zum Leben
und die Zeit wird dir Ruhe geben.
Schöpfe aus der Ruhe deine Kraft
und dann hast du es geschafft.
Du wirst deine Zeit einteilen
und in Ruhe verweilen.

Die Zeit aber steht nicht still
denn sie macht einfach was sie will.
Doch irgendwann kannst du es,
die Zeit steht still und du machst

mir ihr was du willst.
Du schließt mit der Zeit Frieden
und kannst Dein Leben lieben.

17.

Gedanken

Wenn ich an dich denke dann wird mir warm ums Herz
meine Augen strahlen und mein Puls rennt
Ich habe nur einen Gedanken und der gilt dir
oh sag es, glaubst du mir ?

Meine Gedanken sind die deinen
in Liebe will ich mich vereinen.
Im Magen wird mir flau und fein
für immer will ich deine sein.

Gedanken sind des Lebens Gut
durch sie bekommt man oftmals Mut.
Wenn du nicht da bist, dann fehlt mir was
und meine Augen werden häufig nass.

Die Liebe lässt mein Leben walten
denn niemals wird sie veralten.
Unsere Liebe zart und fein
soll immer was besonderes sein.

Mit aller Kraft werde ich es leben
um dich intensiv zu lieben.

Die Gedanken helfen mir
wenn ich nicht sein kann bei dir.

So oft ich sie habe in jeder Sekunde
das Wiedersehen ist unsere Stunde.
Dann habe ich keine Gedanken mehr
denn in deiner Nähe zu denken ist sehr schwer.

Ich liebe dich mit all meinen Gedanken und dem Herzen
und für jeden lieben Gedanken sollen brennen die Kerzen.
Dann ist die Welt voll mit hellem Schein und
und meine Gedanken werden bei dir sein.

Jeder Gedanke ist eine Liebeserklärung an dich,
immer zählt nur das Du und ich und
vergiss es nicht....

ICH LIEBE DICH

18.

Immer und allways

Fällst Du fang ich dich auf

Träumst Du bin ich dein Engel

Schläfst Du wach ich über Dich

Bist Du weit weg, flieg ich mit Dir

Weinst Du, trockne ich deine Tränen

Lachst Du ,lache ich mit dir

Im Dunkeln bin ich dein Licht

Bei Tag dein Schatten

Egal wo Du bist,

Egal was Du tust

Ich bin nicht weit…

Denn ich bin bei Dir…immer

…

19.

Sprache des Herzens

Ich liebe Dich kann jeder sagen
in vielen verschiedenen Sprachen...
I love you....ich bin Du
Je t´aime mon amour...Mit dir gibt es keine Uhr
Minä rakastan sinua.... ich bin immer für Dich da
Ik hol van di... Dich vergess ich nie
Aloha wau ia 'oe nui loa... mit Dir wurde mein Traum wahr
Saya cinta padamu..... mein Leben bist nur Du
Ti amo... meine Liebe das bist Du
Eg elska thig..... Du liebst mich schon durch deinen Blick
Laylaydek sik a..... zu Dir sage ich immer JA
Nactinra..... immer bist Du für mich da
qamuSHa sagen die Klingonen...in Deinem Herzen will ich wohnen

Vos amo... sagst Du oft zu mir...und mein Leben schenk ich Dir.

Dies sind nur einige Sprachen die dem Herzen das gleiche sagen
mit Dir gehe ich überall hin an vielen vielen Tagen.
Ich liebe Dich jeden Tag mehr, jede Sekunde das ist nicht schwer.
Mein Herz und mein Leben in Deine Hände...so kommt unsere Liebe
niemals zum Ende...
Was mein Herz zu Dir spricht dafür brauche ich diese Sprachen nicht.
Ich liebe Dich bis in die Weiten der Zeiten..
durch das Universum und das All
Ich liebe Dich immer und überall.

Endless Love...

20.

Der Sonnenschein des Baches...

Langsam senkt sich mein Blick
ich sehe auf den Bach der vor meinen
Füßen dahinplätschert.
Ruhig und berauschend wild.

Ich träume mich durch das Wasser
in die Tiefen des Baches..
was sehe ich da..was erwarte ich
zu sehen..

Das Wasser zieht meine Gedanken
auf sich und ich erkenne vieles
darin wieder..es ist ruhig und still
und zugleich wild und unberechenbar.

Meine Gedanken schweifen ab so
wie das Wasser seinen Weg immer
weiter fließt.
Ich schließe meine Augen und lausche
dem Geräusch des Baches der seinen Lauf
folgt...so wie ich meinen Gedanken
folge.

Ich schaue mir die Steine an die
am Ufer liegen..sie sind teils
mit Moos bedeckt ...halbseitig
das bedeutet das auch sie
Schattenseiten erleben..so wie
ein jeder in seinem Leben
Schattenseiten hat..aber eben auch
Sonnenseiten..

Diese Sonnenseiten gilt es auszunutzen
und zu genießen..die anderen kommen
sowieso..man sollte dem dunklen trotzen
und sich auf die hellen Seiten des Lebens
konzentrieren..und sie nicht nur leben
sondern erleben.

Erlebe den Sonnenaufgang, den Frühling
den sommerduft und die Süße des Lebens..
schmecke die Zärtlichkeit und fühle
die Nähe die dir gegeben wird..spüre das
Leben und spüre die Liebe.

Kommt die Dunkelheit dann versuche deine
Sehnsüchte in den Nebelschein des Mondes
zu erleben und fühle wie der Sternenzauber
deine Seele verführt ...suche das Erleben

in der Nacht und lasse dich nicht hinab
in die Ängste der Dunkelheit denn nach
der Dunkelheit folgt wieder strahlender
Sonnenschein ...

Nimm dir ein Beispiel an dem Bach
der fließt auch durch Tag und Nacht...
so muss ein jeder durch sein Leben gehen,
auch die Dunkelheit gehört dazu damit der
Sonnenschein genossen werden kann und
man ihn auf seiner Haut und seiner Seele
fühlt.

Der Bach glänzt im Sonnenschein und
beginnt durch den Sternenzauber zu glitzern
lass auch Du den Glanz und das Glitzern
in dein Leben...und erlebe es....

Erlebe den Glanz der Nacht und lebe und liebe den
Sonnenschein des Lebens...er ist es wert !

21.

Wellenreiterin

Ich steh am Meer und schau den Wellen hinterher

sie tragen mich davon

ich fühle das Wasser unter mir

ich sehe die Sonne

spüre sie auf meiner Haut

rieche das Salz und die Wärme

ich lasse mich rauben von den Sinnen des Meeres

fühle mich geborgen

in unendlicher Weite

schwebe hoch, noch höher

die Luft trägt mich

ich sehe niemanden und doch ich spüre alles

kraft strömt durch meinen Körper

und Geborgenheit zugleich

ich fühle mich leicht,

schwerelos,

schwerelos in der Liebe.

Ich schaue zu den Wolken

ich erkenne Dich

du schaust mich an und ich blicke zu Dir auf

dein Blick nimmt mich gefangen

und lässt mich nicht los,

ich kann es nicht beschreiben

aber es fühlt sich gut an

ich frage : Wer bist du?

Ich bin die Liebe und ich bin bei dir,

ich werde dich tragen wo du auch bist,

ich werde schützend mein alles um dich hüllen

und ich werde immer bei dir sein.

Die Brise die dir ins Ohr haucht ist mein Atem

und ich werde immer bei dir sein.

Ich spüre die Liebe in mir,

ich kann sie fühlen und auch riechen

sie ist warm und herzlich,

geborgen und beschützend,

ich schaue wieder hinauf

und ich sehe Dich..

Du meine große Liebe

ich gleite hinab leicht und sanft

niemand vermag mir was anzuhaben

ich bin stark geworden, durch dich,

durch die Liebe die ich bekomme…

Ich stehe am Strand und schau auf das Meer

und ich sehe den Wellen hinterher,

ich bin hier und ich bin so glücklich,

du gibst mir alles..ich habe keine Angst

in Liebe deine Wellenreiterin

22.

Augen

Augen sind der Spiegel der Seele,

es gibt böse Augen,

es gibt liebe Augen,

es gibt schöne Augen

es gibt traurige Augen,

und fröhliche Augen,

aber die schönsten Augen sind die glücklichen

Augen in denen man sich verlieren kann,

Augen die Gefühl ausstrahlen,

Augen die Dich kennen lernen wollen,

Augen die Dich sehen wie Du bist,

Augen können trügen,

Augen können lügen,

Augen können schmeicheln,

Augen können streicheln,

Augen können weinen

Und wie die helle Sonne scheinen.

Man kann sich in sie verrennen,

wenn sie wie Feuer brennen.

Wer schöne Augen hat,

ist ein Gewinner.

Glückliche Augen gehen bis ins Herz

Und lindern ganz oft bösen Schmerz.

Glückliche Augen sind sehr warm,

und sprechen:

Nimm mich in den Arm

Glückliche Augen sind toll,

sind mit Liebe sehr voll.

Auch böse Augen gehen ins Herz,

denn sie bereiten viel Schmerz.

Traurige Augen erzählen oft

traurige Geschichten.

Und dann gibt es da noch die

Leeren Augen.

Und wenn Du in leere Augen schaust,

nimm den Menschen in den Arm und

sag Ihm wie toll es ist zu leben,

denn man kann, den leeren Augen

die Fülle wiedergeben.

In diesen Sinne ,

schau Dir die Augen an,

und fühle was Du sehen kannst.

23.

Bist Du ein *DU* ?

Ich will nicht reden ?

Macht nichts…*Du* hörst mir zu

Ich will nicht klagen ?

Macht nichts…*Du* hörst mir zu

Ich soll es nicht schlucken,

denn *Du* willst meine Sorgen teilen

Mir geht es nicht gut ?

Du merkst es

Ich verstecke mich hinter einem Lachen ?

Hat keinen Sinn, *Du* findest mich

Ich bin in einem tiefen Loch?

Du holst mich raus

Ich habe einen schweren Weg vor mir?

Du gehst neben mir

Ich habe einen langen Weg vor mir?

Egal *Du* hast Zeit…

DANKE…*DU*

Jeder sollte ein *DU* haben … aber auch ein *DU* sein….

24.

Liebe

Liebe heißt es versetzt Berge.
geht durch den Magen.
Liebe lässt hoffen,
aber kann man davon leben ?

Liebe zaubert, ein Lächeln in das Gesicht

.....ein kribbeln im Bauch

.....wackelige Knie

.....zitterige Hände

.....alles dreht sich.

Liebe, ist schön

.....bezaubernd

.....macht stark

.....macht traurig

.....macht krank

.....macht nachdenklich

.....macht Glücklich.

Liebe, ist unglaublich

.....das Lebenselixier

.....die Wunderwaffe

.....ein schönes Gefühl

.....das Blut der Seele.

und ohne Liebe geht es nicht !!!

* Man muss nicht unbedingt an Engel glauben

um einen zu haben *

25.

Lachen

Mein Lachen

Dein Lachen

Unser Lachen ist für alle da

Wenn wir Späße machen

werden unsere Augen lachen

Wenn wir Lachen wie ein Kind

kannst du sicher sein,

das wir glücklich sind

kannst du einmal nicht so lachen

wir werden trotzdem weitermachen.

Dein Lachen ist so schön,

meine Augen strahlen, Du wirst sehen.

Lachen tut der Seele gut,

und gibt vielen neuen Mut.

Lachen ist so gut fürs Herz

Nimmt uns doch so manchen Schmerz.

Denn merke Dir :

Lachen sollst du nie verlernen

Man kann das Glück doch nicht entbehren.

Laß es uns immer wieder tun……….L A C H E N

26.

Meine Gedanken

Meine Gedanken kreisen um Dich,

was wäre mein Herz nur ohne Dich

Meine Träume sind keine Schäume

Um mein Verlangen musst du nicht bangen.

Ich denke so oft an Dich

und ich weiß es, Ich liebe Dich.

Jeden Tag ein wenig mehr,

immer größer wird mein Begehr.

Ich möchte Dich immer wieder küssen

und niemals will ich dich mehr missen.

Deine Lippen wunderbar und weich,

durch Dich wird meine Seele reich.

Deine Hände voller Zärtlichkeit

Deine Augen zeigen Sinnlichkeit.

Dein Blick tief und rein,

könnte liebevoller nicht sein.

Deine Wärme spüre ich

und deine Liebe sehe ich.

Deine Zärtlichkeit empfange ich

und Seligkeit erreiche ich....durch Dich.

Du hast mir mein Herz genommen,

ich find es schön,

habe ich ja deines bekommen.

Meine Liebe schenke ich dir

Denn ich fühle mich wohl bei dir.

Fühle mich mit dir verbunden

Habe in dir mein ganzes Glück gefunden.

Ohne Dich sein das will ich nicht,

denn Du bist doch mein Sonnenlicht.

Des Tages Licht und Nachts der Schein,

ich werde immer in Deiner Nähe sein.

Bist Du bei mir, bin ich nicht allein,

denn auch du wirst immer in meiner Nähe sein.

Geht es mir mal schlecht,

du biegst immer alles wieder zurecht.

Ich danke Dir für Dein Sein,

mit dir werde ich immer glücklich sein.

Ich danke Dir für dein Licht

Mein Leben ist im Gleichgewicht.

Danke, ich liebe Dich

27.

Du und Ich

Sieh mich an,
und ich bin in Deinem Blick gefangen.
Rede mit mir,
und ich bin nicht mehr einsam.
Gib mir Deine Hand,
und ich fühle mich geborgen.
Halt mich im Arm,
und ich umarme die ganze Welt.
Geh von mir,
und ich zerbreche wie ein Glas.
Komm zurück zu mir,

und ich sterbe fast vor Glück.
Lache, und mein Herz ist glücklich!
Weine, und mein Herz weint mit Dir.
Denn wir gehören zusammen!!

DU UND ICH

28.

Schmerz

Ich vermiss dich

und das tut weh

ich sehne mich

und das tut weh

ich fühl dich nicht

und das tut weh

ich rieche dich nicht

und das tut weh

ich spüre dich nicht

und das tut weh

aber ich liebe dich

und das ist schön

dafür nehme ich diesen Schmerz in Kauf

denn weil ich liebe,

lebe ich !

29.

Wahre Liebe

Reden ohne Worte

Vertrauen gegen Vertrauen

Liebe für Liebe

Ein Nein wenn es sein muss

Ein Ja wenn es gebraucht wird

Arme die stärken

Und Blicke die lieben.

Hände die tragen

Lippen die liebkosen.

Ohren die zuhören

Wortc die trösten.

Zeit ohne Hast

Sorgen geteilte Last.

Trost in der Not

In der Nähe das Glück

Sehnsucht die einen treibt

Immer wieder zurück.

Blinde Liebe ohne Angst

Vertrautheit immerdar

Mit der Seele verbunden

bis ins Herz hinein

So sollte wahre Liebe sein…

30.

Glitzern in den Augen

Ich sehe Augen, schöne Augen

Glückliche Augen

Verlangende Augen

Augen mit Gefühl

Doch das Glitzern in den Augen

Das sehe ich nur in Deinen

Sie treffen die meinen

Sie wollen sich vereinen.

Die Augen sich treffen

Von Liebe besessen

Die Funken sind da

In großer Schar

Doch das Glitzern in den Augen

Das sehe ich nur in deinen

Sie treffen die meinen

Sie wollen sich vereinen.

Sehnsucht steht geschrieben

Schau ganz tief hinein

Mit Verlangen durchtrieben

Versunken wirst du sein

Doch das Glitzern in den augen

Das sehe ich nur in deinen

Sie treffen die meinen

Sie wollen sich vereinen.

Die Augen das schönste sind

Die Funken sie fliegen

Strahlen wie Sonne im Wind

Die Liebe wird siegen.

31.

Das mit Dir

Ich schenke dir den blauen Himmel,

die Sterne und auch der Regenbogen lacht uns an

Auf Wolken will ich schweben

Mit dir alles erleben.

Die Blumenwiese gehört uns

Die Bäume riechen

Den Atem spüren

Und dich zärtlich verführen.

Mit dir ins Reich der Sinne

Deine Liebe spüren

Deine Arme wiegen mich

In Stärke und Sicherheit.

Deine Augen tragen mich

Mit deiner Seele

In das Land der Phantasie

Mit dir will ich alles erleben

will immer bei dir sein

Dich vermissen wenn du weit fort bist

Und dich fühlen, ganz nah bei mir.

Deine Haut schimmert sanft

deine Hände fühlen mich

Sanft gleitest du über meinen Körper.

Ich fühle wie es kribbelt

Wie Morgentau im Gras

Deine Liebe schleicht sich ein

Du willst immer bei mir sein.

Ich rieche deine Haut,

ich schmecke deine Liebe

und dein Verlangen.

In den tiefen deiner Augen

Versinke ich bis ins Reich der Sinnlichkeit

Deine Worte berühren mich

Deine Stimme dringt in mein Herz

Deine Küsse schmecken

wie Nebel im Abendrot.

Deine Liebe und deine Stärke

Halten mich, wirst bei mir sein

der See des Verlangens

Ist unergründlich tief,

doch ich lasse mich treiben.

Angst?

Die habe ich nicht…

Du bist da…und rettest mich.

deine Liebe zu mir

fühlt, beschützt und liebt…

32.

Zärtlichkeiten

Zärtlichkeiten tun der Seele gut

Sie streicheln sie bis zur Wohligkeit

Sie lernen uns zu lieben

Sie lernen uns zu fühlen

Und sie lernen uns spüren

Zärtlichkeiten

Schmerzen auch manchmal

Wenn man sie nicht bekommt

Wenn man sie fühlt aber nicht spürt

Wenn man sie ruft, sie uns aber nicht hören

Zärtlichkeiten

Bringen uns Liebe und Geborgenheit

Ruhe und Fürsorge

Ein warmes Gefühl im Herzen.

Zärtlichkeiten

33.

Der Traum

In meinen Träumen ist alles anders

ich geh durch Nebel, ich sehe das Licht

doch, oh Wunder ich fürchte mich nicht.

Ich habe keine Angst weiterzugehen,

denn am Ende des Nebels kann ich das Licht sehen.

Ich gehe durch den Wald , das Laub raschelt,

ich gehe schnellen Schrittes voran,

ich sehe eine Gestalt, und hoffe ich bin bald da

denn was ich da sah

war ein schönes Gefühl.

Ich weiß nicht wie lange ich noch gehen muss,

das Gefühl geht weg -

das Licht wird schwächer

ich weiß ich muss rennen, um es zu fühlen.

Die Äste der nebelumschlungenen Bäume wollen mich halten

doch ich kämpfe. denn ich will das Gefühl,

ich glaube es ist die Liebe in einer Gestalt.

Doch sie steht am Ende des Nebels, weit weg

ich werde schneller doch die Äste holen mich zurück,

sie halten mich, das Licht wird schwächer…NEIN

ich rufe: GEH NICHT FORT…BLEIBE!

Doch wie soll ich so schnell zu ihr .hin?

Die Zwänge des Lebens halten mich

und die Wurzeln der Bäume im Nebel

stellen sich mir in den Weg.

sie wollen nicht dass ich glücklich bin.

Ich steh nun im Wald, das Gefühl der Liebe weit weg

ich dreh mich im Kreis, ich habe keinen Rat.

Was soll ich tun? Soll ich stehen bleiben und ewig in meinen

Träumen gefangen sein? Nein, das will ich nicht.

ich fange an zu kämpfen, mit allen Mächten

die dem Neid und der Oberflächlichkeit einen

Garaus machen. Ich nehme mein Schwert der liebe

und der Güte und das Messer der Zuversicht.

ich schneide alle Zwänge klein,

verteidige mich mit dem Schwert den Wurzeln

des Neides, sie wollen nicht das ich glücklich bin.

Aber ich kämpfe denn ich habe es verdient,

jeder hat es verdient glücklich zu sein.

Plötzlich wird der Schein des Gefühls heller der

Nebel verzieht sich, ich hab es geschafft

ich sehe sie wieder die Gestalt.

Ich kann ihr näher gehen, ich zittere nach den

Kämpfen des Gefangenseins.

Ich gehe schnellen Schrittes damit ich nicht

wieder festgehalten werde. Die Sonne strahlt durch

den Nebel, sie wird heller, immer heller bis der

Nebel verschwunden ist…jetzt sind es nur noch ein

paar Schritte und ich steh Ihr gegenüber:

Die Gestalt strahlt Zuversicht aus und ich fühl die Liebe,

sie umschlingt mich mit Wärme und Geborgenheit.

Sie schützt mich, sie hält mich und sie wärmt mich.

Ich kann die Gestalt nicht erkennen, ich sehe nur einen

Schatten, doch ich muss sie nicht erkennen

ich fühle sie ja, ich sehe mit dem Herzen und

nun geht es mir gut.

Der Nebel ist verschwunden, die Sonne strahlt

und ich weiß ich werde immer wieder so kämpfen,

denn es lohnt sich…

FANGE DEN TRAUM

…dann ist alles gut.

34.

Erinnerungen und Gegenwart

Es gab eine Zeit, da mochte ich Dich

Jetzt ist die Zeit, jetzt liebe ich Dich

Es gab eine Zeit da freute ich mich Dich zu sehen

Jetzt Zeit wo ich es ohne Dich nicht mehr aushalte

Es gab eine Zeit des Vermissens,

jetzt ist die Zeit der Sehnsucht.

Es gab eine Zeit da wusste ich nicht,

dass es Dich gibt

Jetzt weiß ich, wenn es Dich für mich nicht mehr gibt

Werde ich sterben.

Früher schlug mein Herz normal,

heute macht es Luftsprünge.

Es gab eine Zeit der Leere in meinem Herzen
Jetzt ist die Zeit wo deine Liebe mein Herz füllt.

Es gab eine Zeit, da wusste ich was Liebe ist.
Jetzt ist die Zeit da fühle ich was Liebe ist, durch Dich.

Es gab eine Zeit da mochte ich Dich
Doch jetzt ist die Zeit, jetzt liebe ich Dich.

35.

Wohlfühlmomente

Gehe ich durch den Wald,

spüre ich den Wind , so wie ich

deinen Atem immer fühle.

Bin ich am Strand rieche ich die Luft,

so wie immer dein After Shave.

Scheint die Sonne in mein Gesicht,

dann ist es dein Strahlen.

Rieselt der Schnee auf mein Haar,

dann sind es deine Küsse.

Regnet es draußen,

fühle ich die Tränen in meinem Gesicht,

so wie ich die Sehnsucht fühle.

Kitzelt mich das Sommergras,

sind es deine Liebkosungen auf meiner Haut.

Ein Windzug an meinem Ohr,

ein leiser Gruß von Dir.

Die Sterne am Himmel,

ein Funkeln Deiner Augen.

Stehst Du vor mir, dann weiß ich,

es ist die Wahre Liebe….

….sie lässt sich nicht aufhalten.

36.

Wald der verlorenen Seelen...

Ich ging durch die Nacht

Nebel lag auf dem Boden

Kälte kroch durch die Luft

Langsam kroch sie an mir hoch

Ein schauer überkam mich

Und ich fror....

Ziellos lief ich durch die Straßen,

hier und da waren Menschen

sie kamen mir bekannt vor,

nahmen aber keine Notiz von mir

Ich rief sie, doch sie hörten mich nicht

jeder war so sehr mit sich beschäftigt...

keinen Platz für andere…

Ich ging weiter, meine Kleidung

nass und kalt, vom Nebel

dann kam der Wald.

Ich hörte Stimmen, rauschige Stimmen

Doch ich verstand sie nicht,

es wurden mehr doch ich sah niemanden..

Klein und hilflos kam ich mir vor,

niemand da der mir half.

Ich rief immer wieder,

doch niemand hörte mich.

Waren alle denn nur

mit sich beschäftigt?

In welcher Welt war ich,

ich fühlte es war die Falsche.

Doch ich musste diesen Weg gehen,

alles andere war eine Sackgasse.

Doch dieser Weg machte mir Angst,

ich war alleine und mir war kalt.

Nicht nur am Leib sondern auch

In der Seele..

Ich rief immer wieder und

keiner reagierte…niemand,

niemand nahm mich zur Kenntnis.

Ich war unscheinbar und

Fühlte mich schlecht.

Und wieder sah ich die Leute,

ich kannte sie, sie kannten mich

und doch war ich ihnen fremd…

ich wollte es ändern doch wie???

Mit jedem Schritt kam die Kraft zurück

Die Menschen wurden klarer und die

Stimmen auch, sie schauten mich an

Doch ich ging weiter,

sie hatten mich ignoriert, jetzt war ich dran.

Mir war noch immer kalt,

die Stunden vergingen -

Kleidung nass und Herz leer.

Es war mitten in der Nacht,

das Gemurmel der Stimmen ,

es wurde klarer, sie riefen mich

doch sehen konnte mich keiner.

Ich wollte es auch nicht, ich war

alleine gewesen in meiner Not

Nun war meine Seele fast tot.

Ich musste mir helfen, wollte

nicht alleine sein…

Doch wollte ich mein altes

Leben zurück…

war das wirklich Glück ???

Meine Gedanken kreisten um

mein Leben, ich hatte immer

jedem alles gegeben..

Nie an mich gedacht

und unter Tränen gelacht.

Doch dann der Tod,

der mir nahe kam

und einen geliebten Menschen mir nahm

Er kam auf leisen Sohlen

und hat mir einen Menschen gestohlen.

Danach war ich bereit,

mich zu ändern, denn zu kurz ist die Zeit.

Ich dachte dann an mich, und

nach und nach sah ich wieder Licht.

Die Stimmen aus dem Wald,

ich konnte sie zuordnen

und erkannte sie bald.

Es wurde morgens, die Nacht ging

Und mit ihr meine Angst.

Durch den Nebel und den Morgentau

war mein Weg nicht mehr grau.

Es wurden mehr und mehr

Gestalten im Licht,

doch diesmal, da kannte ich sie nicht.

Auf dem Weg in den neuen Tag

kamen Menschen auf mich zu,

die ich sehr gerne mag.

Ich fragte wo sie gewesen sind

an meiner Seite waren sie,

und ich nie alleine

sie halfen mit ihrem Dasein

mir auf die Beine.

Der Tag begann und wir

Schritten den Weg entlang

Ich schaute mich um,

zu den Schatten der Vergangenheit

nie mehr wollte ich sie sehen,

vorbei war diese Zeit.

Mir wurde warm, meine

Kleider trockneten, meine Seele

wurde wach ich freute mich,

auf den neuen Tag .

Doch ich blieb noch einmal stehen

und drehte mich um,

vergessen wollte ich die Zeit nicht

denn letztendlich brachte sie mir

mein Seelenlicht.

Die Gestalten die ich zurückließ,

und nicht mehr sehen wollte,

waren zerfressen von Neid, Missgunst

Oberflächlichkeit und Egoismus.

Ich schaute wieder nach vorn

und vor mir auf dem Weg standen

Glück, Vertrauen, Geborgenheit

und die Liebe … die die ich so lange suchte.

sie alle schenkten mir Wärme und ich fühlte

mich wohl, sie schlossen mich in Ihre Arme

und ich wusste sie ließen mich nie mehr gehen.

Noch einmal schaute ich mich ein letztes Mal um

Ich war durch ein Tor gegangen auf meinem Weg

doch ich hatte es nicht bemerkt, als ich mich

nun umdrehte schaute ich auf einen großen

Torbogen mit der Aufschrift

Wald der verlorenen Seelen…

Jetzt hatte ich es geschafft,

ich hatte den richtigen Weg genommen

und war nicht mit der Allgemeinheit geschwommen.

auf diesem Weg würde ich bleiben und leben

denn es wird niemals einen Besseren geben…

und hinter mir der Wald der verlorenen Seelen !